AF194564

Nichts*!

Nada!

Nothing!

Nic!

Band I

*Nichts:

Ein Pronomen. Bringt die vollständige Abwesenheit, das absolute Nichtvorhandensein von etwas zum Ausdruck; nicht das Mindeste, Geringste; in keiner Weise etwas.

(Duden)

Wilfried F. W. Oppermann / Justyna K. Kwiatkowska

FSC
www.fsc.org
MIX
Papier aus verantwortungsvollen Quellen
Paper from responsible sources
FSC® C105338

Impressum:

ISBN: 978-3-7543-9502-8
Herausgeber: Wilfried F. W. Oppermann
Verantwortlich für den Inhalt: Dieses Buch hat keinen Inhalt
Umschlaggestaltung: Justyna K. Kwiatkowska
Herstellung und Verlag: BoD - Books on Demand, Norderstedt

THE VIŚIṢṬĀDVAITA VEDĀNTA

OF

RĀMĀNUJA